Le soleil toise nos vies

ISBN papier : 978-2-37806-370-2
© GNK Éditions Gabon, Libreville, juillet 2021
Tel : (+241) 066600380/077853540

Efry Trytch Mudumumbula

★★★★★★★

Julien Sorel

Le soleil toise nos vies

(Poésie)

GNK Editions
Gabon

Publications des auteurs

<u>Déjà parus de Julien Sorel</u>

- ***Ces douces épines dans le cœur,*** (poésie) ***Paris, Les éditions du Net, octobre 2018.***

- ***Cœur épris,*** (poésie) ***Paris, Les éditions du Net, juin 2019.***

- ***Les échos nocturnes de la mémoire,*** (poésie) ***Paris, Le Lys Bleu, juillet 2019.***

- ***Brasier de vers,*** (poésie / CODAAF) ***Libreville, Gnk Éditions Gabon, 2020.***

- ***Nos vers en vert,*** (poésie / CODAAF) ***Libreville, Gnk Éditions Gabon, 2021.***

Déjà parus d'Efry Trytch Mudumumbula

- ***Mimbi et le monde*** (roman), Paris, Éditions Édilivre, 2016.

- ***le chemin qui mène vers...*** (roman), Paris, Éditions Édilivre, 2018.

- ***Chronique d'un Dieu oublié*** (nouvelles), Abidjan, Éditions Gnk, 2020.

- **« '*Le dernier forfait de Dolè* »' *in Ce que le chien a vu à Nzeng Ayong*** (nouvelle/Collectif UDEG), Libreville, Éditions Udeg, 2020.

- ***Brasier de vers*** (poésie/CODAAF) Libreville, Éditions Gnk Gabon, 2020.

- ***Bien conjuguer*** (essai), Libreville, Éditions Gnk Gabon, 2021.

- ***Les vers de la vie*** (poésie/ Fath Kumbe Manduku), Libreville, Éditions Gnk Gabon, 2021.

- ***Mémoire épluchée*** (nouvelle), Libreville, Éditions Gnk Gabon, 2021.

- ***L'appât-science*** (théâtre), Libreville, Éditions Gnk Gabon, 2021.

- ***Ghélongo ou le remède*** (roman/Okoumba-Nkoghe), Libreville, Éditions Gnk Gabon, 2021.

- ***Tous ces ans foirés*** (théâtre), Libreville, Éditions Gnk Gabon, 2021.

- ***Mes passions brûlantes*** (poésie/avec Princesse Loango), Libreville, Éditions Gnk Gabon, 2021.

- ***Nos vers en vert*** (poésie/CODAAF), Libreville, Éditions Gnk Gabon, 2021.

- ***La révolte des Casses-Rôles*** (poésie/CODAAF), Libreville, Éditions Gnk Gabon, 2021.

- ***Les Larmes De Ma Conscience*** (roman), Libreville, Éditions Gnk Gabon, 2021.

- ***Sous la corne d'amour*** (poésie) Libreville, Éditions Gnk Gabon, 2021.

Efry Trytch Mudumumbula et Julien Sorel

La séparation

La mort est souvent un sujet qu'on rebute
Dans nos cœurs, elle marque toujours des buts
Peut-être par le sentiment de grande douleur
qu'on ressent
Peut-être par la tristesse qui se crée

Peut-être pour le manque à gagner qui naît
Peut-être pour le grand amour et la grande
absence
Peut-être pour...
Peut-être pour...

Cependant, elle est là
Elle demeure nôtre
Elle brise nos cœurs
Et détruit nos charmes
Elle invite la douleur à voler notre bonheur
Elle impose la tristesse
Qui elle, appelle la détresse
Et comme de puissantes déesses

Elles fondent leur foyer en nous jusqu'à nous
marionnettiser
Jusqu'à faire de nous des amis de la paresse
Mais, doit-on seulement voir cela ainsi ?

9/-ETM et JS

La séparation, ne peut-elle pas être une délivrance pour celui qui s'en va ?

Une invitation au bonheur des restants
Les vivants ?
Un ticket aller simple pour le paradis ?
À vous maintenant la Parole !

Efry Trytch Mudumumbula et Julien Sorel

Sur l'autel du repentir

Que mes yeux pour épandre des larmes
Le martyre pour ma miséreuse âme ?
L'être aviné tant noyé dans ses iniquités
Craint d'être supplicié pour l'éternité

Ô Dieu, es-tu l'omnipotent acariâtre ?
Voici devant toi, le pécheur opiniâtre
Ta grande miséricorde, que coûte-t-elle,
Pour ne pas mériter les supplices éternels ?

N'aie guère d'exécration envers ton fils !
Ne pose guère ton acrimonie sur mon âme !
Que ma repentance soit ma salvatrice !
Offre-moi ta miséricorde, j'en réclame !

Comme nombreux hommes firent de toi,
Leur affidé et parce qu'ayant la foi
T'ont fait porter leurs péchés à foison
Pour être accueillis dans ta sainte maison,

Au jour venu de mon départ impromptu
De cette terre, encore ma chère demeure
Ouvre-moi la porte de la tienne Seigneur
De ce lieu où la souffrance n'existe plus

J'ai demandé...

J'ai demandé au soleil
Pourquoi continuer d'éclairer le monde
Quand bien même celui-ci
Préfère l'obscurité à la clarté
Le noir à la lumière ?

Il m'a dit que le monde
Bien qu'impoli
Mérite une chance
Chaque jour renouvelable

J'ai patienté la nuit
Pour demander à la lune
Pourquoi cette course nocturne ?
Pourquoi vouloir échapper au soleil
Qui, selon une confidence
Au-delà de sa mission quotidienne
Cherche cette dame sans répit ?

Elle m'a dit ceci :
Si j'offre mon corps au levant
L'amour qu'il a pour moi s'effritera
Après, il ira ailleurs
Là où les fleurs fleurissent
Les jours gémissent
Et l'abeille

Du nectar suffoque de plaisir

Les étoiles m'orientent
Elles parlent sans cesse
Elles me passent le mot
Et me rappellent ma mission
Celle de dire au monde que la nuit est tombée
Que les profondeurs de l'enfer
Sont en mouvement vers la surface
Par ma lumière haute
Je guide l'homme vers le salut
Vers le chemin de la vie

Les étoiles, douceurs de soie
Charmeuses des villes sans nuits
Paisible sommeil des rues endormies
Lunettes du conducteur solitaire
Voilà, maintenant vous savez tout

Le soleil toise nos vies

Esseulé

Une grosse larme au coin de mon œil
Telle une goutte d'eau sur une feuille
Jamais ne tombe, demeure suspendue
Attendant que le sortilège soit rompu

Depuis l'horizon, où tanguent les herbes
Les chahuts des hommes m'exacerbent
Je désire l'accalmie éternelle des dieux
Que le vent m'emporte dans les cieux

Ici tout est ensanglanté et décombres
Plus de clarté dans le ciel, il est sombre
Je vois la vie innocente battre des ailes
Je voudrais être libre comme ces merles

Dresser au plus haut dans le ciel
Pour que s'ouvrent à moi ses portes
Goûter à un peu de douceur et de miel
Afin que mon corps n'ait plus de tremblote

Mon sortilège est la solitude éternelle
Loin des hommes, embastillés par elle
Dans mes souvenirs, je m'en vais errer
Nulle autre que la mort pour me libérer.

Parti

J'ai pris la route qui mène au paradis
Les amis, enracinez-moi dans vos cœurs
En ce jour, loin de vous, je suis parti
Restez toujours dans la bonne humeur

Préservez juste tous nos beaux souvenirs
Ne soyez pas triste, arborez des sourires
Il faut parfois longer le chemin *seulabre*
Et laisser reposer la vie, tel l'oiseau sur l'arbre.

Il est parti

Il est finalement parti
Lui qui chaque jour
Prenait mon parti
Aujourd'hui, je pleure

Oui, j'ai mal au cœur
Lui, il était un cœur
Il avait tout pour me plaire
Devant lui, je ne voulais que me taire

Mon cœur l'a aimé
Ma tête va le détester
Mon corps est immobilisé
Mais mon âme n'est pas attristée

Je n'ai point de rancœur
Pour lui, mon corps et mon cœur
Chantent en chœur
Une chanson bien belle

Non pas le chant de l'oiseau rebelle
Non pas la lumière triste
Non pas le murmure à la piste
Non ! Plutôt celle du bonheur

Le regret empoigne mon triste sort
De cette prise ma voix ne sort
Je suffoque au rythme des mots
Ceux qui jadis tuaient tous mes maux

J'aimerais tellement qu'il me prenne dans ses
bras
Qu'il me dise « Je t'aime » tout bas
Que les caresses de ses mains chaudes
Me délivrent des ces chimères aux antipodes

J'aimerais tellement essuyer mes larmes
Pour que chaque jour, le bonheur sonne
l'alarme
Ô triste humanité
Ô dures réalités

Ô souvenirs cruels
Est-ce dont toi ce mal
Qui comme un animal
Est condamné au tourment éternel ?

J'aimerais aussi que ta vie t'appartienne
Que sur toi-même
Comme le chemin de la flamme
Le glas, tu le sonnes

Que la joie soit tienne
Même si la douleur est mienne
Sache que la vie est imprévisible
Mais peu importe les coups, quand la volonté et
le courage y sont, rien sur terre n'est impossible

Efry Trytch Mudumumbula et Julien Sorel

Comme une étoile

Comme une étoile dans le ciel
Illuminant le monde sans fiel
Comme le nectar des abeilles, le miel
Nourrissant chaque jour iel[1]

Le soleil marche sans cesse
Se lève sans paresse
Triomphe de la nuit sans pareil
Pour le bonheur doux du réveil

Je brillerai dans ce monde
Laisserai une empreinte
De ma plume féconde
J'écrirai des mots libres, sans étreinte

Je créerai un pays sans étroitesse
Je ferai une ville belle
Elle inondera assurément de prouesse
Sa beauté sera alors éternelle

Comme le parfum de la fleur

---

[1] Prénom de la troisième personne du singulier permettant de désigner les personnes, sans distinction de genre.

19/-ETM et JS

Riche et sans douleur
La vie, là-bas, aura une bonne odeur
Celle d'une existence sans horreur

Ô monde sans méfiance
Où règnent amitié et confiance
Ô monde au bonheur illimité
Quel régal pour l'humanité !

Efry Trytch Mudumumbula et Julien Sorel

Le vent a tourné

Le vent a soufflé
Et le pilier de la maison a basculé
Désorientée
La famille est aujourd'hui esseulée

Bienheureux
Généreux
Sentimental
Et serviable

Un homme
Un père
Seule avec les enfants, une femme
Une mère

Où as-tu comme ça ?
Pourquoi ce coup-là ?
Ta famille te pleure
Ton humanité a changé d'heure

Oh !
Pourquoi si tôt ?
Les enfants sont tristes
Pour eux, tu étais leur artiste

21/-ETM et JS

Et la famille tout entière regrette ton départ
De nos cœurs, tu emportes une part

Dis aux autres là-bas que nous allons bien
Et qu'ici, on a conscience que la vie n'est rien
Demande-leur de nous protéger
Vos noms dans nos cœurs resteront accrochés
Au revoir !

Efry Trytch Mudumumbula et Julien Sorel

Ils sont là

Ils sont là enfin
Le temps est beau ce matin
Quand sonne l'heure du bonheur
La joie fait face au malheur

Ah ! Qu'ils sont beaux ces enfants !
Ils sont robustes comme des éléphants
Les têtes bien dressées
Ils coiffent la verdure tressée

Ah ! Qu'ils sont beaux ces enfants !
Couchés dans leurs berceaux multicolores
Le soleil envoûtant
Sur eux, brille comme de l'or

Le ciel
Exalte ses couleurs arc-en-ciel
Le moment est sensuel, il est doux
Le vent équatorial souffle des mots doux

Ah ! Qu'ils sont beaux ces enfants !
La renaissance des corbeaux
Triomphera toujours de tous les maux
Ils sont là, forts et beaux pour vaincre dans ce
monde de mutants

23/-ETM et JS

L'amour

La vérité est comme une bise
Et l'amour un voile
Qui décide de sauter pile poil
Quand tout ton corps est nu, loin de toute crise

Je suis pris dans ce filet
Mon cœur pour toi est sans secret
Rassure-toi, je suis sincère
Mon être brûle, pour le refroidir, il faut une rivière

Je suis épave de toi
Mon jeu, je sais que tu l'as vu
Perchée sur le toit
De ton amour, mon âme a bu

Triste réalité
Ceci est la seule vérité
C'est sans poésie
Ni supercherie

Efry Trytch Mudumumbula et Julien Sorel

Angoisse

Aucune récompense
Pourtant, réflexion intense
Aucune référence
L'esprit vibre dans la délinquance

Tueur juvénile
Marchant à pas de Chenille
Sensations étranges
Le trop d'idées dérange

Il est loin le temps du bonheur
Il est loin le silence de l'horreur
Il est bien loin la vie sensuelle
Il est bien loin l'ordre, dans la tête, tout n'est
plus que poubelle
Noir
Plus rien voir
Manoir
Plus rien apercevoir

Le regard
Se fait vieillard
Le brouillard
Comme un chien sans race est bâtard

25/-ETM et JS

La vie n'a plus de sens
Elle est sans
Véritable dessous
Plus rien, plus de sous

Ô folle angoisse
Pourquoi en moi, autant de détresse
Ô dure journée, pénible mémoire
Je ne me reconnais même plus dans un miroir

Efry Trytch Mudumumbula et Julien Sorel

C'est l'heure !

Il était temps
Que le vent souffle
Le printemps
Du buffle

Il était temps
Que la rivière
Troublée bien trop longtemps
Puisse revêtir son beau sourire d'hier

Il était temps
Que l'arbre majestueux
Reprend sa vie d'antan
Celle des moments heureux

Il était temps
Que la fleur germe
Et que le délire de la flamme
Sauvage et belle embrase l'ignorant

C'est l'heure
Que s'éloigne malheur
Que disparaisse leurre
Pour que vive le bonheur

L'envol du Signe

L'envol du Signe
L'effort et le signe
C'est ma marque, le repère, mon signe
Dans le creux du monde, vous verrez désormais
cet insigne

C'est là tout le sens
De l'éveil des sens
Maintenant, je le sens
Le plaisir de la création, mon sang

L'espoir du lendemain
Le bonheur lent... demain
Concevoir le monde de mes deux mains
Vivre le vent dans les yeux, inspirer un bon
coup, affronter toutes les tempêtes existantes
afin que la créature marque l'existence haut la
main

Océan de joie, vague...
Au globe, je lègue
C'est le bonheur
C'est mon heur

Efry Trytch Mudumumbula et Julien Sorel

Petit miséreux

Comme la vie est pénible !
Il est incompréhensible,
Que sans arrêt,
Sur mon dos de maigrelet

Je porte tant de lourdeur
Étais-je destiné à ce labeur ?
Comme la vie est pénible !
Mais je dois tenir bon, car si mes jambes
deviennent flexibles

Je demeurerais ce mendiant
Est-ce vraiment la voie,
Qui m'était destinée ?
Non c'est à cause des choix,
De mes ascendants partis
Que je vis ce destin erroné,
Depuis tout petit
Je ne peux m'en prendre qu'à eux

Ils sont fautifs, de cette vie pénible
Me voici devenu un miséreux
Dans ce monde horrible
Où mes cris ne sont point audibles

29/-ETM et JS

Le soleil toise nos vies

Chaque jour nouveau,
Le soleil n'est jamais apaisant
Toujours aussi brûlant
Pour mon flasque dos

Je m'en vais à la quête d'une voie,
Point épineuse et scabreuse
Celle tracée par le Roi des rois,
Qui me mènera à une vie radieuse

Car une faible voix pantelante,
Me susurre une gloire imminente
J'ai tellement côtoyé le danger,
Que je ne crains plus le mauvais sort

J'ai tellement eu des rêves rongés,
Par ce monde aux crocs de carnivore
Je pardonne aux moult erreurs
De ma chère mère, et cher père

Fautifs de mon calvaire sur terre
Car je crois qu'une once de bonheur,
Me sera accordée par le divin
Avant que ma vie ne prenne fin

Alors, je ne perdrai jamais la foi,
Afin qu'un jour, vienne ma délivrance

Je me libérerai de ce lourd poids,
Que je coltine depuis la naissance.

Le soleil toise nos vies

Temps révolu

N'étions-nous pas heureux, enfants
Enfouis dans nos jeux, en attendant
L'appel de nos très belles maisons,
Par l'odeur des mets de nos mamans ?

N'étions-nous pas dans l'euphorie
Quand avec des amis nous jouions
Du jour à la brune sans aucun souci
Avant de rejoindre chacun sa maison ?

Je me souviens de cet enfant sans père
Vivant sous l'égide de sa grand-mère
Attendant sa maman chaque vacance
Sans jamais se plaindre de son absence

Je me souviens des années d'enfance
Comme si, elles dataient encore d'hier
Sur la terre manganèsée, et celle sucrière,
Où j'allais passer toutes mes vacances

Des cerfs-volants peuplant un ciel beau
Des cris de joie aux compétitions sportives
Des jeux de billes, de guères intensives
Des frondes braquées sur les oiseaux

Je me souviens de la chasse aux libellules
Des cerceaux, des pneus servant de véhicules
Des voitures en bambou circulant au quartier
Ô tant de jeux que nombreux ont oubliés

Je me souviens encore de tous ces jeux
Chacun de nous pouvait être ce qu'il veut
Il n'y aura plus jamais d'aussi beau temps,
Que celui où nous étions encore des enfants.

Dignité

Attrapez bien votre dignité et vos rêves
Si par imprudence vous les laissez tomber
À la résignation, ne daignez succomber
Au risque que les remords ne vous crèvent

Attention aux alentours, marchez !
Ne pressez pas les pas, si vous courez
Vous risquerez de compromettre à jamais,
Le plus grand des plans, votre destin

La dignité est un trésor à préserver
Jalousement contre les merveilles
De ce monde, Dieu toujours surveille
Tous ces enfants, et leur réserve

Des choses bien plus grandes
Quand ceux-là toujours cultivent
La patience, de son amour s'enivrent,
Et s'éloignent des choses immondes

La vie, on peut la perdre brusquement
Et si la chair rance n'est pas lavée
Avant, que l'âme ne s'en est séparée
La mort éternelle est le châtiment

La vie est comme un long chemin,

Et telles les herbes qui bordent un chemin
Les tentations bordent de toute part la vie,
Et les faibles de chair tâchent leurs esprits

Efforcez-vous de préserver votre dignité
Efforcez-vous de laver vos pensées
Efforcez-vous de plaire à Dieu
Pas seulement aux hommes pieux.

Frère

Qu'est-ce qui a changé depuis
Ton nom, ton charisme ?
Ton identité résonne
Comme une pierre lancée dans un puits

Tes idées son ailleurs
Et dans mon esprit, ça crée des malheurs
Nous étions les meilleurs
Nous marchions sans peur

Nous y allons toujours
Des va-et-vient tour après tour
Et c'était sans erreur
Le temps a bien passé, puisque décline le jour
C'est alors un aller sans retour

Il n'est permis aucun détour
Qu'est-ce qui a changé depuis frère ?
Aujourd'hui, dans tes yeux, je vois l'enfer
Qu'es-tu devenu ?

Où est passé cet homme dont tout le monde
était fier ?
Où est passé cet homme de caractère ?
Aujourd'hui, tu es devenu un individu
À la personnalité nue

Ton humanisme, sans cesse, mue

Ô que la vie n'est douce et belle
Ô que la vie est cruelle
Tu as raté ta gloire avec en main la truelle
Telles des eaux de pluie échouant dans un puits
Frère, qu'est-ce qui a changé depuis
Mon ami ?

Dix-mois

Y penser
C'est à toi d'en juger
Le choix te revient
Comme la branche et l'arbre, le lien

Je te sais aussi attirée
Ce qui me donne de la volonté
Je te sais aussi enthousiasmée
Ce qui me pousse à continuer

Laissons-nous consommer
Par ce feu de délivrance
Laissons-nous consumer
Par ces flammes d'espérance

Le veux-tu ?
Me le permets-tu ?
Ta voix compte
Puisque dans ma tête, les minutes sans toi
comptent

Qu'en penses-tu ?
Qu'en dis-tu ?
Dis-moi quelque chose
Afin que mon cœur augmente la dose

Est-ce le signal
Ou le coup fatal ?
Est-ce le mot de joie
Ou l'élément qui me met hors voie ?

Dix-mois
Je n'attends que ça depuis des mois

La poésie

La poésie
C'est un jaillissement

Une éclaboussure de couleur
Une marque

Une tache
La souillure

Un mot
Une phrase

Un cri de colère
Une caresse douce

Une caresse froide
Ou chaude

C'est le las...
Laissé dans le creux du monde

La poésie
C'est la liberté...

Efry Trytch Mudumumbula et Julien Sorel

Je prête serment

Chaque jour
Je fabrique un nouveau moi
Comme la course des jours
Et des mois
C'est un aller sans retour

L'autre me regarde
Ma plume, tantôt
Bistouri, tantôt éco-garde
Est un dort tard, et un lève tôt

Toujours aux premières loges
Prêt à peindre les paysages
Inspiration puisée dans le ventre des sages
Elle sait vérifier la jauge

Elle tape où ça fait mal et extrait le pu
Non ! Ma plume n'est pas corrompue
Et s'il arrive qu'elle déguste ce plat-là
Soyez-en sûrs, mon encre vous le dira !

41/-ETM et JS

Désespoir

Oh ciel
Pourquoi ce goût amer dans nos cœurs
Dans nos bouches
Il manque le délice du miel

Tout est horreur
Sous une pluie de mouches
Tout est tristesse
Nos corps entiers ne sont plus que faiblesse

Pourquoi ne nous prends-tu que ceux qu'on aime ?
Pourquoi les justes meurent rapidement
Pendant que les injustes prennent leur temps ?
Ont-ils un code, un totem ?

La vie ne nous fait pas de cadeau
Dans cette rivière inondée de vagues
Où vivent serpents, crocodiles et autres espèces vagues
Elle nous offre comme barque : un radeau

Vive le remord
Quand la vie tend la main à la mort
Vive la désillusion

Quand le désespoir nous ouvre sa maison

Que bien trop de larmes
Versées
Que bien trop de coups encaissés
C'est l'espoir qui se désarme

Je chante la vie

Je chante au gré
Au berceau de la gloire
Là où la beauté
De la vie se laisse voir

Comme un prisonnier
Enchaîné
Je suis condamné
Par un chasseur déchaîné

Le chemin du bonheur
Est rempli d'épines
Identique à un enfant, à chaque heure
Il faut chercher la tétine

Sur ce lieu particulier
Le triomphe est hautement élevé
Sur les pas des qui ont refusé
De se plier

Je marche la tête haute
La bénédiction de mes parents
Mais aussi de mes potes
Font de moi un être transparent

Les doigts endommagés
Par les rimes
Avec les injures du monde en prime
Chaque jour, je construis l'avenir sous les
branches d'un fromager

Je chante la vie
Déride les amis
J'éduque le peuple
En dévoilant les possibles

L'amour

La vérité est comme une bise
Et l'amour un voile
Qui décide de sauter pile poil
Quand tout ton corps est nu, loin de toute crise

Je suis pris dans ce filet
Mon cœur pour toi est sans secret
Rassure-toi, je suis sincère
Mon être brûle, pour le refroidir, il faut une
rivière

Je suis épave de toi
Mon jeu, je sais que tu l'as déjà vu
Perchée sur le toit
De ton amour, le miel de ta splendeur beauté,
mon âme a bu

Triste réalité
Ceci est la seule vérité
C'est sans poésie
C'est sans supercherie

Efry Trytch Mudumumbula et Julien Sorel

Renaissance

Il est temps d'y aller
Vivre ce beau moment
Contempler la douceur du jour
Apprécier la caresse du soleil sur la peau
Nue
Adorer les piqûres de la lumière dans les yeux

Oui !
Il est temps d'y aller
Prendre la vie au départ
L'aimer avec envie
La croquer avec gourmandise
L'avaler avec frisson

Il est temps d'y aller
Boire le monde
En une simple gorgée
Séduire la vie
Sans malice
Créer le monde
Remodeler l'existence
Lui donner tous les atouts
Beauté
Amour
Fraternité

47/-ETM et JS

Égalité
Joie
Sourire
Partage
Bonheur
Pour vivre
Pour exister
Pour renaître à nouveau

Beauté

Elle brille comme mille feux
Elle scintille de tout son être
La mer est belle
Avec ses vagues
Qui vaquent à leurs multiples occupations
Elles reviennent toujours
Magnifiques et régulières
Le ciel, bleu
Caresse la verdure
Qui de bronze
Au gré du soleil
Comme cette étendue de nuages
L'eau épouse la couleur
Elle chante et danse
Au loin
Elle se confond au ciel
Qui là-bas
Forme un arc-en-cercle
Un arc-en-ciel de beauté
Où sillonnent oiseaux et avions
Où s'effacent vents et bateaux
Le voyage
Un fou plonge et ressort
Il vient de prendre une douche rapide
Il vient de se libérer

De cette journée pénible
Des tourments du ventre
De la blessure du travail
De la nervosité des heures
Des minutes silencieuses qui étouffent
Il se sent libre
Libre de tout malheur
Libre de toute souillure
Libre de continuer sans se plaindre
Libre
Libre
Libre

Efry Trytch Mudumumbula et Julien Sorel

Le goût de ça !

Comme les étoiles dans le ciel
Mon cœur palpite au rythme de la joie
Moi
Fils de ses mères, a dans la bouche la douceur
du miel

Il en était temps
Aujourd'hui, sonne le moment
Tant
Attendu. Celui-là même qui procure un bonheur
froid et ardant

Il est là, l'honneur
L'âge de la jeunesse
La douceur
De la caresse

Elle est là, la voie
Le chemin
Le matin
La voix

C'est l'heure
De chanter à la bonne heure
C'est le moment du tout accompli
C'est la fête et jusqu'au matin, c'est parti

51/-ETM et JS

Le soleil toise nos vies

Notre propre nous

Laissons la course pour le meilleur des gens
avec les autres
Courons plutôt, chaque jour, après le meilleur
de nous-mêmes
Le propre nous est meilleur que le propre eux
La vie est comme un ciel sans rides
Où s'amusent les nuages
Mais où peut germer la fleur
Où gémit l'existence
Où homme et femme peuvent demeurer
placides en toute circonstance
Sans jamais changer de mentalité
Sans jamais abandonner le sens de l'équilibre
La tranquillité, l'égalité, et l'équité
Il est possible de vivre en paix
Il est possible de vivre dans ce monde de pet
Laissons la course pour le meilleur des gens
avec les autres
Courons plutôt, chaque jour, après le meilleur
de nous-mêmes
Le propre nous est meilleur que le propre eux

Ce monde

La marche vers le monde de joie
Vers ce lieu où ne naissent que les rois
Cet endroit rempli de bénédictions
C'est le berceau de toutes les saisons
C'est là-bas où la vie naît
Et où la mort n'est
C'est là-bas le centre de l'existence
Le lieu où se situe la plus haute instance

Ce monde

Que la beauté de ces images
Trouble l'horloge de la folie
En procurant chez chacun
Les mots qui donnent des envies

La joie détruit tout mal
L'amour des sages
Est le bonheur et le parfum
Du passé mis en mal

Allons-y
Que tu sois d'ici
Ou d'ailleurs
De cette folie livresque

Partageons un bout du meilleur
Tout est beauté
Tout est découverte, sans brutalité
Il est bon, fort et dynamique

Lisons-nous vivants

Orgueil

Il est des jours
Où tout est prêt pour le retour
Revenir est souvent pénible
Quand ce qui nous attend fait partie de nos possibles

Est-ce vraiment important
De vivre comme un éléphant ?
Tout avoir, tout prendre, tout obtenir
Simplement pour notre propre plaisir

Le refus de la raison
Naviguer à toute saison
Prendre sans jamais avoir de regrets
Mettre tout remord dans la cage des secrets
Orgueil
Ne va pas avec soleil
Briller, c'est accepter l'échec
Briller, c'est aussi partager le temps et le chèque

Le soleil toise nos vies

Ma bien-aimée

Je marche en chantant
Le renouveau de mon âme tant
Attristée
Rêvant d'une vie émoustillée

Tout semble oubli
Comme par un fait de magie
Et si je ne sais plus tout ce que j'ai vécu
C'est que tes yeux arc-en-ciel ne m'ont jamais
bien vu

Tout s'assombrit
Le noir rougit
Tout est bruit
Dans ma tête, lentement, tout se détruit
Mémoire tremblante
Silence brûlant
Rêve sommes-no-lents
Vie volante

Efry Trytch Mudumumbula et Julien Sorel

Mayela

Mayela
Tu es là
Comme une rose le soir
Comme une rosée du soir
Qui arrose d'espoir

Tu es lumière du soleil
Dans la nuit
Tu es le phare
Qui perce la nuit noire

Ô beauté cruelle
Charmeuse au réveil
Ô diabolique m'éveille
Qui sonne le glas à minuit
Douce Mayela
Tu es enfin là
Séisme de mon amour
Tsunami de mes jours glamours

Tu m'es revenue
Belle et entretenue
Ta démarche est une symphonie
Et le mouvement de tes hanches une mélodie

Ô splendide Mayela
Que tu es angélique
Tu es simple et mystique
Ô princesse Mayela, Maye... Ma

Efry Trytch Mudumumbula et Julien Sorel

Sur prise

La vie
Elle est une sale chipie
Quand on croit l'avoir vaincu
Ce n'est qu'à ce moment qu'elle
Nous sort, belle et immortelle
Le coup qu'on n'avait pas vu

Ah ! La vie !
Elle est vraiment une sale chipie

59/-ETM et JS

Le danger

Gelé

Tout

Jugement

Le vôtre surtout

Est irrévocablement

Scellé

N'oubliez jamais

Pour arriver à leur fin

Et pour vivre heureux demain

Ils sont prêts à sacrifier même les siens

Être un homme bien

Je ne cherche pas les relations des gens bien
placés
Je ne cherche pas à être beau pour les épater
Moi, je veux simplement vivre
De mes efforts, en être ivre

Je veux être un homme bien
Bâtir et construire le lien
Ne pas vendre mes services et des biens
À ces hommes qui ne valent rien

Femme, je te souhaite un...

Beau jour beauté ultime, magnifique
Merveilleuse et angélique...
Te portes-tu bien ?

J'ose croire que le charme
Et le parfum divin
De cette journée seront pour toi femme
Le chemin d'un bonheur exceptionnel
Et surtout, éternel

Suce avec envie
Les merveilles de la vie
Croque avec insistance
La douceur fraîche de l'existence

Vivre à tellement d'exigences
Que pour réussir, il faut vraiment de l'expérience
Malgré tout
Sois positive surtout

Efry Trytch Mudumumbula et Julien Sorel

Souffle

Quand la peur caressera les joues de la vie
Je serai là
Pour vous

Quand la vie contemplera la douceur du jour
Avec elle
Je vérifierai la splendeur de vos rêves

La splendide beauté du soir
Illuminera les sentiers battus
En créant des possibilités nouvelles

Le vent de l'existence
Celui de l'éternel bonheur
Et aussi de l'éternité triomphera de l'obscurité
de ces sorciers-là
La joie sera le guide

Et l'amour l'air qui inondera le monde
Le parfum éternel pour la vie

Le soleil toise nos vies

Un jour...

Nous arriverons un jour à percer l'ouïe soudée
des sourds-muets
Nous inventerons la voix/voie et les secrets
Nous irons dire à Dieu notre projet
Et de là-bas, il nous remettra l'objet…

Celui qui crée le monde
Celui qui féconde les ondes
Celui qui tient l'innocence
Celui qui octroie... lin... eau... sens

De ce bien
Nous tisserons le lien
Pour que dès cet instant, l'humain
Ne craint plus le demain
Nous construirons un monde de culture
Et changerons les habitudes
Nous donnerons plus de place à la littérature
Et ainsi, nous prendrons les altitudes

Efry Trytch Mudumumbula et Julien Sorel

Mémoire oblige !

Notre continent l'Afrique
Est pour eux un puits à fric
Et pour nous populations
Une véritable condamnation

C'est d'eux que viennent les grandes décisions
Et même les démissions
C'est d'eux que viennent nos dirigeants
Puisque d'eux, ils attendent sécurité et pour les
guerres, un peu d'argent

C'est toujours eux, à l'Élisée
Qu'ils décident de l'idungué
Qui va nous diriger
Et surtout, nous malmener

C'est toujours eux,
Depuis là-bas chez eux
Quand le pion se rebelle
Qu'ils envoient dormir à côté des poubelles
Ils n'ont pas encore bien compris
Le paradoxe de cette vie pourrie
L'urgence de comprendre
Et désormais, la chance, de la prendre

Dans la bêtise, ils continuent
Mettant leurs intelligences à nue
Incapable de procurer du bien
Entre nous, peuple, plus de lien

Pendant des mouvements
Ils tirent et tuent les nôtres
Oubliant que c'est un virus différent
De ce qui a déjà été. Version autre

Ils font disparaître les corps
Déclarent que tout va bien
Que les opposants font du bruit pour rien
Mais plus tard, proclame le dialogue. Alors ?

Ils commandent en Afrique
Mais les décisions se prennent là-bas
Intellect bien bas
Et manquant de dynamique

Pour tous ceux qui sont partis
Mort causée par le parti
Ce texte vous ressuscite, bien que triste
Vous demeurez dans nos mémoires d'artistes

Efry Trytch Mudumumbula et Julien Sorel

Je serai là !

Quand le moment arrivera
Je serai là
Proche de toi
Si proche pour te montrer le chemin passant par
le toi

Quand ce moment sera là
Tu ne seras pas seule
Tu auras alors fait du berceau au linceul
Alors, tu découvriras ce Nouveau Monde-là

Quand le grand bond sonnera
Des profondeurs de mon âme
Tu ressurgiras
Avec en main, mon cœur pour lame

Quand sonnera l'alarme
Il sera ton arme
À tes côtés, assis
Tu me diras assurément merci
Je serai ton ange
Je te lirai des mots des sages
Avec mon cœur pour épée
On vaincra par amour jusqu'à atteindre l'apogée

67/-ETM et JS

Quand l'heure arrivera
Sur le lit je serai
Ta tête sur mon cœur serré
Il n'y aura plus de tralala

Efry Trytch Mudumumbula et Julien Sorel

Obscure-chair

Le jour se lève dans sa splendide laideur
Vêtu de brique et de braque
Il impose la terreur
Et extrait la plus petite once de dynamique

Le soleil, pourtant, le jour avancé, dort encore
Il se prononce sur un mauvais décor
Nuage mi-pluvieux
Ni plus vieux

Le ciel est sombre
Sur la ville, plane une ombre
Maléfique. Est-ce maintenant le jour
Ou un leurre des sorciers de toujours ?

Les automobilistes peinent à voir clair
Dans ce jour triste
Soleil, s'il te plaît, viens tuer cette obscure-chair
Et mets-toi en scène. Ô mon bel artiste

Le soleil toise nos vies

L'émergence perd la vitesse

Les dirigeants se prennent pour les bigs boss
Alors qu'ils sont les vrais ndoss
Le djadji nous sort plusieurs casquettes
Massama, il ignore qu'on a le sens de la *cafète*

Tous les jours, ils pensent nous tenir
Alors qu'il est désormais impossible de nous
retenir
On a le sens de cent mille milliards
Mais devant nous, ils se prennent pour des
gaillards

Le tété pense nous leurrer sur le chemin de
l'émergence
Il ne voit pas la construction du pont de
« l'*énervence* »
La route est construite de bois détruit
C'est vrai que la richesse peut venir d'autrui

En plus de dix ans, sept kilomètres
De bitume
Pourtant, pour les calculs, appeler un maître
Aurait été mieux érigé la coutume

La bêtise gouverne tous les jours

Efry Trytch Mudumumbula et Julien Sorel

Quand la raison meurt pour toujours
Le passer revient à coups de fracas
Avec gourmandise, il augmente les cas

Entre perte et anniversaire

Entre perte et anniversaire
Mon sentiment s'effrite en pourcentage de poussière
Mon cœur palpite de joie
Mais ma raison se meurt sans émoi
Le temps est trompeur
Tantôt rire, tantôt torpeur
Les frites d'un jour heureux
Les rigides galères des temps malheureux
Les enfants en pleurs
Les adultes en peine
La misère devenue reine
Obligés de compter les heures
Avec beaucoup d'envie
Le soleil toise nos vies
Ses rayons de brisure
Sur nos têtes, cognent telle une masure
La vie est une vilaine femme
Belle quand elle vous enflamme
Mais immensément
Laide
Quand elle te refuse son aide
Basculement

Efry Trytch Mudumumbula et Julien Sorel

Un jour qui n'est pas un

Un jour, pendant que le ciel bleu
Devenait petit à petit nerveux
Les oiseaux, bien haut
Et surtout bien beaux

Laissaient place aux oiseaux crétins
Ceux-là mêmes qui, chaque matin
Guettaient avec beaucoup d'envie
La résurrection de la mort

Au détriment de la vie
Que portait dame Kialo
Le poids de la charge se lisait
Sur la rondeur évidente de son dos

Elle qui jadis, ne marchait plus avec respect
Pourtant, malgré tout ceci, sur son visage
Doux, ne se lisait aucune rancœur
Au contraire, dame Kialo luisait de bonheur

Cette attitude inquiétait les sorciers
Qui depuis longtemps, l'enfant
Prédestiné et déjà sage
L'héritage d'un amour puissant

73/-ETM et JS

Le soleil toise nos vies

Cherchaient à le tuer
Jamais dame Kialo ne capitulait
Le ventre chaque jour évoluait
Les sorciers, impuissants, pourtant ne lâchaient

C'est ce jour qui sonnait la délivrance
Sous ce ciel par moment nuageux
Et par d'autres, bien bleu
Arrivait le Roi, le Guide, le Chef, le Chant de
l'Oiseau

On entendait de là-haut
Sous des éclairs en transe
Sous des grondements tonnerres terribles
Sous des formes et des esthétiques

Dont la description est impossible
Sous la danse folle de la musique
Sous le bonheur menaçant
Sous les pleurs des enfants

Sous les injonctions des parents
Sous les prières des croyants
Sous le regard ébahi des envieux
Sous le regard stupéfait des curieux

« Mudumumbula, tu es mon fils unique

En toi, j'ai mis toute ma confiance
En toi, repose le bien-être de mon peuple encore
sous la gouvernance
Des personnes sans vision et sans dynamique

Désormais, c'est en toi que le peuple croira
Crois-moi, ton nom chantera
Partout dans le monde,
Même dans des lieux où rien ne se féconde

Mudumumbula
Ne l'oublie jamais, tes racines se trouvent à
Koula
Connais-toi mieux d'abord toi-même
Pour que l'autre, à son tour, t'aime

Mudumumbula
N'oublie jamais Koula... »
Flash
Moment lumineux

Crash
Sur les visages épineux
Le Roi lançait des cris
Les oiseaux aussi

Même les perdrix

75/-ETM et JS

Dans le ciel enjolivé
Trônait un magnifique Phénix
Rien n'avait de prix

Tout semblait lessivé
Tout était sans pli
Le Roi était maintenant là
On chantera son nom des États-Unis jusqu'à
Mouila

Le monde avait vu ça
Il venait le saluer ça
Et là
La gloire venait de frapper le pays et
particulièrement Koula

C'était un neuf mai...
On le soulevait à deux mains
Le présentait aux Esprits Saints
L'enfant plus-que-parfait

Efry Trytch Mudumumbula et Julien Sorel

Belle Afrique

Si tu vois ces mots
C'est parce que, je suis frustré par tous ces
maux
Qui font de toi, ô belle Afrique
Un continent sombre et sans dynamique

Afrique
Je sais que tu es grande
Je sais que tu sortiras de cette pente
Selon moi, ce n'est qu'une condition de passage
Mais surtout que, je ne me tromperais jamais
dans ce message

Afrique, des hommes sages
Il est l'heure de chanter
Il est temps de changer de visage
Dit-on : « Chanter, c'est prier quatre fois »

Tu es

Tu es ce lieu de vérité
Qui charme notre existence
Seulement, il y a des hommes aux négatives
mentalités
Qui te détruisent avec insistance

Tu es telle une femme brave
Qui accepte le calme même quand c'est grave
Tu es cette terre honorable
Qui cherche ses enfants dispersés afin de les
mettre ensemble

Tu demeures ce champ vaste de possibilités
Mais qui ne se cultive pas encore avec
intelligibilité
Mains demain est un autre jour
Celui de ta gloire et ce pour toujours

Efry Trytch Mudumumbula et Julien Sorel

Utopie

Depuis déjà bien longtemps
On cherche à te mettre à terre
Mais tant que tes racines germent
Elles seront soudées comme des dix mille frères

Regarde venir ce mauvais vent
Qui apparaît avec l'espoir de te détruire
En vérité, celui-ci ment
Puisque tu en as déjà vu pire

L'heure est au retour aux sources
Replonger dans les douceurs câlines de l'Ours
C'est la course à la montre
Afin de chasser en chacun chaque monstre

Tes enfants

Ils sont la voie de la réalité
Celle qui mène à l'extrême beauté
Utilise-les et fais d'eux des champions
Qui se démarqueront du statut de pions

Tu es leur frère
Tu es leur mère
Tu es leur père
Tu es leur repère

Tu es à jamais leur voie
Alors, ils demeureront ta voix

Efry Trytch Mudumumbula et Julien Sorel

Qui es-tu Afrique ?

Qui es-tu Afrique ?
Qui es-tu vraiment ?
On ne parle de toi qu'en mal
Quand ton nom est prononcé, l'image est noire

Pourquoi tant d'horreurs ?
Pourquoi tant de crimes ?
Pourquoi tant de noirceurs
Alors que tu ne devrais plus vivre de leurres ?

Tèdima ! Tèdima !
Tèdima ! Tèdima !

81/-ETM et JS

Ghèlèmè ! Ghèlèmè !

L'heure a sonné
Où tu dois te lever
Comme un soldat
De l'armée non renégat

La bêtise a pris le large
Cesse tes pleurs et sèche tes larmes
Lève-toi et prends les armes :
Raison, observation, sagesse
Et des maux, purge

Sois cet homme désormais fort et fier !
Abats cet enfant crédule d'hier !
Grandis et devient cet adulte fort
Grâce à qui les enfants ressentent du réconfort

Efry Trytch Mudumumbula et Julien Sorel

Mon éternité

Des picotements étranglent mon cou
Tes mains invisibles palpent mon cœur
Le rythme s'accélère
Et la folie, encore plus, s'affole

Puisque je t'aime
Je deviens poète de cet amour
Qui luit en moi tel un rayon de soleil à minuit
Perçant les profondeurs de la nuit

Je t'aime de cet amour divin
De cet amour sans fin
Où caresse et douceur
Sont le châtiment éternel

En vérité
En vérité
Dans le surnaturel ou la réalité
Je t'aime mon éternité

83/-ETM et JS

Je m'en vais

Là-bas
Je m'en vais
Faire le mieux que je peux

Vers cette Terre
Terre des miens
De mes ancêtres

Je m'en vais
Ajouter un peu de folie
À ma vie

Goûter aux délices de la vie
Vivre d'un peu de jouissance
Pour la sérénité de l'âme et de l'esprit

Je m'en vais tremper les pieds
Dans cette douceur
La source

Profiter des simplicités
De l'air frais
Et de son parfum

Dès chants des oiseaux

Calmant nerfs
Et violence

Même si, ce bien-être semble si peu
Je m'en vais quand même
Pour ne rien rater

Soleil
Rideau de fraîcheur
Bain

Sommeil
Bonheur
Pain

85/-ETM et JS

Table des matières

Poésies déjà parues

Brasier de vers — CODAAF
Contemplations Urbaines — M. Yann
Ignonga, Poèmes d'un Gabonais — Jerry Tadex Mawele
Mes passions brûlantes — Efry T. Mudumumbula et Princesse Loango *Nos vers en vert* — CODAAF
La révolte des Casses-Rôles — CODAAF
Sous la corne d'amour — Efry Trytch Mudumumbula
Délivré de ma cachette ! — Efry Trytch Mudumumbula
À 2mainS — Efry Trytch Mudumumbula et Débora Kouame
Ghésoko soko : le voyant — Efry Trytch Mudumumbula

Réalisation de maquette : GNK Éditions Gabon
Tel : (+241) 066 600 380
gnkeditions.gab@gmail.com
Site : www.gnk-editions.com

ISBN papier : 978-2-37806-370-2
ISBN pdf: 978-2-37806-371-9
ISBN epub : 978-2-37806-372-6

Imprimé par gnk.impression@gmail.com/
(+241) 077.853.540
Dépôt légal de juillet 2021
3e Trimestre 2021

9 782378 063702